AF561596

LES

Revendications Nationales Égyptiennes

MÉMOIRE

Présenté à la Conférence de la Paix par la Délégation Égyptienne chargée de défendre la cause de l'indépendance de l'Égypte.

Le Caire, le 20 Janvier 1919.

Monsieur Georges Clemenceau,
Président de la Conférence de la Paix,
Paris.

Au nom de la Délégation Egyptienne, j'ai l'honneur de vous adresser un mémoire contenant nos revendications, ainsi que l'exposé de notre état politique et social.

Mandataires authentiques de tout le peuple égyptien, nous comptions nous rendre auprès de la Conférence de la Paix, pour lui soumettre nos demandes, comme tous les peuples ont été admis à le faire. Mais seule, parmi toutes les nations, l'Egypte s'est vue, par la plus criante injustice et la plus flagrante contradiction, frustrée même du droit d'être entendue avant qu'il ne soit décidé de son avenir.

Impuissants et malheureux, nous avons deux fois plus de titres à votre justice. Et cette justice, nous sommes convaincus que la Conférence nous aidera à l'obtenir. Il ne sera pas dit qu'après les innombrables sacrifices consentis par l'Egypte et la promesse solennellement donnée que la Conférence cherchera ***l'entière satisfaction*** *des peuples dans le règlement de leur sort, on étouffera notre voix à l'heure des suprêmes décisions.*

Nous vous adjurons respectueusement, Monsieur le Président, d'examiner nos revendications avec ce haut esprit d'équité qui vous a toujours caractérisé et de saisir officiellement de notre cas la Conférence de la Paix.

Veuillez agréer, Monsieur le Président, l'assurance de ma haute considération.

Vice-Président Elu
de l'Assemblée Législative,
Président de la Délégation Egyptienne,
(*Signé*) SAAD ZAGLOUL.

Les Revendications Nationales Egyptiennes

MÉMOIRE

Présenté par la Délégation Egyptienne chargée
de défendre
la cause de l'Indépendance de l'Egypte [1]

I

INTRODUCTION.

L'intervention de la Turquie dans la grande guerre fut considérée par les Égyptiens comme l'occasion la plus favorable pour obtenir, enfin, cette Indépendance que déjà les luttes soutenues par Mohammed Aly leur avaient assurée en partie, et que justifient, non seulement une histoire glorieuse et des droits acquis de-

---

(1) Ce mémoire a été adressé aux Chefs des Délégations Alliées à la Conférence de la Paix, le 10 Février 1919, et leur est bien parvenu.

puis longtemps, mais encore leur situation morale et matérielle.

Aussi, dès que cette intervention eut lieu, des personnalités égyptiennes autorisées suggérèrent aux autorités anglaises de reconnaître l'indépendance de l'Egypte, contre l'engagement par celle-ci de participer à la guerre aux côtés de la Grande-Bretagne. Cette proposition ne fut pas écoutée, mais bien au contraire, le pays a subi un changement de régime qui compromet jusqu'au statut politique, obtenu en 1841, grâce aux plus durs sacrifices : en vertu d'un acte unilatéral — que nous n'avons voulu considérer que comme une mesure momentanée de guerre — la Grande-Bretagne érigeait en protectorat une Occupation toujours plus qualifiée de provisoire par les Anglais eux-mêmes.

Les Égyptiens, blessés dans leur dignité nationale, et atteints dans leurs droits politiques, envisagèrent néanmoins leur avenir sans crainte, en présence des assurances données par la Grande-Bretagne et ses Alliés qu'ils ne combattaient que pour le triomphe du Droit et la défense des nations opprimées. Et lorsque la République des États-Unis intervint à son tour dans le conflit, personne ne douta, en Égypte, que cette intervention n'eût pour seul but la libération du monde. Nous saluâmes dans le Président Wilson « l'interprète inflexible » de la pensée d'un grand peuple qui allait combattre avec un complet désintéressement pour un régime universel de paix et de justice.

Le droit à l'existence et à la liberté n'est donc plus une question de continent ou de latitude ; et c'est pourquoi les Égyptiens se refusent à croire que, parce que leur pays se trouve en Afrique, il doive servir d'appât aux appétits des impérialistes. Continuer à étiqueter les nations pour faire des unes des nations libres, et des autres des nations vouées à la servitude, rien que parce que l'esprit occidental s'est plu, depuis de longs siècles, à tracer des limites ethniques ou géographiques à la liberté des peuples, serait en contradiction absolue avec l'esprit nouveau que le sort des batailles vient heureusement de consacrer.

Notre but est de présenter l'Égypte sous son véritable jour de pays de culture avancée ayant droit, à tous égards, aux avantages qu'il n'est venu à l'esprit de personne de refuser à des nations pourtant moins importantes et moins civilisées.

L'Européen qui vit parmi nous est trop absorbé par les intérêts qui l'ont amené à s'expatrier pour prêter une attention suffisante à notre véritable état social. Enfermé dans un cercle étroit de congénères, il n'aperçoit de l'Égypte que la façade souvent trompeuse ; et l'on sait, par les calomnies dont furent victimes les Français avant la guerre, à quelles erreurs on s'expose en portant sur les peuples des jugements superficiels.

ÉTAT ÉCONOMIQUE.

L'Égypte est un des pays les plus favorisés du monde, tant par sa position géographique que par ses conditions climatériques et la richesse légendaire de son sol, fertilisé par les eaux du Nil. Sa production suffit à faire vivre une population qui, de deux millions qu'elle était au commencement du XIXe siècle, compte aujourd'hui treize millions (1).

La presque totalité de la propriété foncière appartient aux Égyptiens, et ce sont eux qui exploitent exclusivement le sol, même lorsque la propriété est entre les mains d'un étranger.

Les chiffres du commerce extérieur et intérieur illustrent éloquemment la situation économique et montrent la vitalité du pays.

Le commerce extérieur de l'Égypte ne s'élevait en 1800 qu'à L. E. 577.000 seulement (la livre égyptienne vaut 26 francs). Vers la fin du règne de Mohammed Aly en 1836, ce commerce atteignait L. E. 4.700.000 et en 1880, L. E. 21.870.000 ; de 1895 à 1899, L. E. 29.911.000 ; de 1905 à 1909, L. E. 58.883.000 et en 1913, L. E. 80.456.000. C'est surtout à la demande de plus en plus forte de coton égyptien et à la hausse de ses prix qu'est dû ce grand développement.

Quant au commerce intérieur, c'est-à-dire celui des produits nationaux, il a atteint en 1914-1915 L. E. 44.450.000 constituées, presque en totalité, par les produits de l'agriculture (2).

L'accroissement de la richesse nationale est révélé,

---

(1) La densité de la population est telle, dans certaines régions particulièrement riches, qu'elle atteint 670 habitants par kilomètre carré.

(2) En 1917-1918, ce commerce a dû atteindre au moins le double de la valeur indiquée ci-dessus, les prix des produits agricoles ayant considérablement augmenté.

en outre, par les chiffres du budget de l'État et ceux de la population, chiffres qui se répartissent ainsi :

ANNÉE	POPULATION	RECETTES	DÉPENSES
1836	3.700.000	2.614.000	1.921.000
1884	7.900.000	10.140.000	10.100.000
1913	12.300.000	17.705.000	17.660.000

L'agriculture absorbant presque tous les capitaux et occupant la très grande majorité de la population, l'industrie ne peut être, à vrai dire, que peu développée. Mais on alléguerait en vain que les Égyptiens manquent d'aptitude industrielle ; malgré un outillage insuffisant, le pays s'est trouvé en mesure de produire lui-même, pendant la guerre, un grand nombre d'articles de première nécessité qui auparavant lui venaient de l'étranger (1).

Ainsi, l'Égypte n'a que faire des interventions politiques, souvent dictées — ce qui n'est pas notre cas — par la nécessité de sauvegarder des intérêts que de mauvaises finances peuvent compromettre. Toute tutelle que la force impose à un pays riche et prospère risque d'exciter, au détriment de ce pays, les convoitises étrangères.

---

(1) L'Angleterre n'a pas cessé de suivre, en ce qui concerne l'industrie, une politique d'obstruction. Son attitude bien arrêtée est de maintenir l'Egypte économiquement tributaire de l'industrie anglaise. Ainsi, lorsque la première société de filature se créa en Egypte, ses produits furent frappés d'un droit d'accise égal au tarif douanier imposé aux articles importés d'Angleterre, ce qui amena la chute de cette importante entreprise.

ÉTAT MORAL.

Le patrimoine intellectuel d'une nation est constitué d'un ensemble de coutumes, de conceptions, de points de vue qui peuvent différer d'un peuple à l'autre, sans pour cela s'écarter de la morale générale. Chaque pays a sa civilisation propre, et telle coutume qui nous paraît bizarre, représente, pour le peuple qui la pratique, l'aboutissement de tout un ensemble de faits.

Aussi, devrait-on, dans l'établissement des rapports politiques entre les divers peuples, et dans la graduation des avantages et des droits reconnus aux uns et aux autres, s'abstenir de toutes considérations particulières de croyance, de coutumes spéciales, de mentalité, etc...

Nous ne ferons pas aux peuples d'Occident l'injure de supposer, parce que la grande majorité des Égyptiens pratique une autre religion que la leur, parce que notre vie familiale et nos traditions s'inspirent d'idées différentes, qu'il nous considéreraient, au point de vue de nos droits politiques, sous un jour défavorable.

Les étrangers qui entretiennent avec les Égyptiens des rapports de quelque nature que ce soit, s'accordent à louer leur douceur, leur aménité et leur tolérance. Et c'est un fait que, de tout temps, l'Égyptien s'est fait remarquer par son calme. Parmi les peuples d'Orient, les Égyptiens ont été et sont les plus empressés à rechercher le concours des Européens et à leur ouvrir, toutes grandes, les portes de leur pays. Mohammed Aly n'a-t-il pas fait appel à un grand nombre de spécialistes qui l'ont aidé dans la réalisation de son vaste programme de réformes ?

L'européanisation de l'Égypte avait même pris de telles proportions que le Khédive Ismaïl ne craignait pas de s'écrier, dans une phrase désormais célèbre : « Mon pays n'est plus en Afrique, il fait partie de l'Europe. »

Les Égyptiens n'ont cessé de prodiguer aux étrangers encouragements et privilèges. Les « Capitulations » en témoignent, et la création des Tribunaux mixtes, due à l'initiative du gouvernement d'Ismaïl avant même qu'on entreprît d'instituer de nouveaux tribunaux pour les affaires purement indigènes, indique dans quelle voie, toute favorable aux étrangers, était dirigée la politique égyptienne, alors qu'elle n'était encore soumise à aucune influence extérieure.

L'Égyptien n'est pas réfractaire au progrès. D'une vive intelligence et d'un don d'assimilation remarquable, sa formation intellectuelle ne le cède en rien à celle des peuples les plus avancés. De plus, il est sobre, modéré, laborieux. Qui n'a vu l'artisan ou le paysan égypbien travaillant du matin au soir, sans être un seul instant détourné de son labeur par le vice dégradant de l'alcool ?

Peuple formant un bloc ethnique entier, il est difficile d'y démêler l'appoint des races étrangères, car sa force d'absorption est telle, que si elle n'élimine pas l'élément étranger, elle se l'assimile jusqu'à lui faire perdre ses caractéristiques propres. Aussi, peut-on constater que la population ne forme qu'une seule et unique race parfaitement homogène au physique comme dans sa mentalité et ses mœurs.

ORGANISATION ADMINISTRATIVE ET SOCIALE.

Instruction publique, justice, administration régionale et centrale, institutions communales, culte, assistance publique, hôpitaux, etc..., etc..., en un mot tout ce qui permet de grouper les efforts de la collectivité, existe en Égypte et s'adapte parfaitement à la mentalité de ses habitants. Du reste, les Égyptiens sont familiarisés depuis des siècles avec les conditions d'une société organisée, et l'état actuel n'est que la conséquence d'une normale évolution.

En ce qui concerne l'instruction publique, nous regrettons de dire qu'elle ne répond pas suffisamment au désir d'apprendre manifesté par la population. La faute en est au gouvernement ou, pour mieux dire, à ses conseillers anglais, qui n'ont pas tenu compte des vœux formulés à maintes reprises par le pays. Cependant, élite et classe moyenne trouvent des institutions scolaires de tout rang. Nos écoles supérieures ont produit dans les diverses branches des letttres, des sciences et des arts, une remarquable phalange d'hommes sur lesquels repose l'avenir du pays (1). A côté de cet ensei-

(1) Le nombre de jeunes Égyptiens fréquentant les écoles d'Europe s'élevait avant la guerre à près de 700.

gnement supérieur et secondaire, l'initiative privée et celle des conseils provinciaux, élus par le suffrage des habitants, s'emploient dans la mesure de leurs ressources à répandre l'enseignement élémentaire. Même, les conseils provinciaux, auxquels la loi organique permet d'établir des contributions à concurrence de 5 0/0 de l'impôt foncier, pour entreprendre des travaux d'utilité publique, n'ont pas hésité à consacrer la totalité de ces revenus à la diffusion de l'instruction dans les villages.

Quant au système judiciaire, on sait que les Tribunaux mixtes de la Réforme, institués et fonctionnant bien avant l'occupation anglaise, donnent une complète protection aux intérêts étrangers.

C'est également avant 1882 que fut préparée l'organisation judiciaire indigène, et malgré les vicissitudes subies par la juridiction indigène sous l'occupation, nous possédons des magistrats capables d'assurer une équitable distribution de la justice. En effet, dans la phalange des hommes de loi, les Égyptiens sont souvent parmi les plus éclairés (1).

Il est inutile de nous étendre sur l'organisation administrative. On sait que le Khédive Ismaïl créa un ministère responsable avec des départements ministériels copiés sur le système européen. Ces institutions se sont

(1) Les magistrats égyptiens remplissent, avec conscience et dignité, leurs fonctions, malgré l'attitude de l'administration anglaise qui fait de l'exercice de la justice aux Tribunaux indigènes une source de revenus pour le Trésor refusant les fonds indispensables à l'amélioration de la magistrature et de ses services auxiliaires.

développées, perfectionnées et pourraient rendre de grands services si le contrôle de la nation sur les actes du gouvernement s'exerçait d'une façon effective ; mais nous aborderons ce sujet quand nous parlerons des effets de la domination étrangère sur l'Égypte.

En ce qui concerne le progrès économique, nous devons aussi rappeler que, grâce au concours des Européens et des étrangers en général, les banques, les bourses, les associations commerciales, les grandes maisons de négoce sont en nombre suffisant pour assurer les transactions et régulariser le marché. Les opérations commerciales profitent de la plus large liberté et les capitaux étrangers ne rencontrent point d'entraves dans leur productivité.

Des œuvres philanthropiques de toutes sortes et de toutes nationalités ont été fondées qui rencontrent une sympathie générale. Du reste, le paupérisme trouverait difficilement à s'introduire dans ce pays si largement accueillant.

II

Par ce qu'on a lu plus haut, on voit que l'Égypte peut revendiquer la plénitude de ses droits à une existence libre, à une indépendance totale. Ces droits ne sauraient être méconnus que si, contrairement au programme de Paix que le Président Wilson, parlant au nom des Alliés, a tracé dans son discours du 27 septembre 1918, les Puissances venaient « à établir une distinction entre ceux envers qui elles tiennent à être justes et ceux envers qui elles tiennent à ne pas être injustes. »

Deux objections peuvent être soulevées au sujet de nos revendications. Il s'agit :

1° Des droits que l'Angleterre prétendrait avoir sur l'Égypte ;

2° De l'intérêt qu'aurait l'Égypte au maintien de la tutelle étrangère.

Des droits que l'Angleterre prétend avoir sur l'Egypte.

Situation politique de l'Egypte avant 1882.

Avant que les événements de 1882 amenassent l'occupation anglaise, l'Égypte était un pays de suzeraineté ottomane, mais possédant, sous le gouvernement de Khédives accédant au trône d'après un ordre de succession dynastique, *son entière autonomie intérieure*. La suzeraineté turque se traduisait uniquement par le paiement d'un tribut annuel, par quelques limitations concernant les effectifs militaires et par le respect dû aux traités signés par la Sublime Porte.

Cette autonomie intérieure si complète, les Égyptiens l'ont obtenue sur les champs de bataille et au prix de leur sang. Il n'a rien moins fallu que l'intervention de l'Europe pour arrêter la marche victorieuse de Mohammed Aly et l'obliger à accepter l'autonomie au lieu de l'indépendance qui était le but poursuivi.

La convention de Londres du 15 juillet 1840, suivie du « Hatti chérif » du 13 février 1841, constitue la charte de l'Égypte ; et la reconnaissance des droits de celle-ci ne le fut pas par la Turquie seulement, mais aussi par les grandes puissances dont l'intervention garantissait ce pacte de délivrance.

Est-ce qu'il est concevable que des droits ainsi acquis puissent être perdus parce que des troubles intérieurs, exagérés à plaisir, avaient un instant inquiété quelques résidents européens ?

Insurrection d'Arabie.

L'insurrection d'Arabie due, à l'origine, à des privilèges injustement accordés à des officiers circassiens au détriment des officiers égyptiens, et dont l'histoire impartiale saura démêler les responsabilités, n'en a pas moins démontré que l'esprit national se révoltait contre toutes les injustices. Le programme des réformes législatives élaboré par les nationalistes indique d'ailleurs que le peuple aspirait à une plus grande liberté. Sentiment louable entre tous mais qui n'empêcha pas l'Europe de perpétuer contre l'Égypte une violence, de toute façon imméritée (1).

Néanmoins, les Puissances étaient d'accord pour maintenir à l'Égypte l'intégralité de ses droits politiques. L'Angleterre, de son côté, déclarait qu'elle n'entendait pas profiter d'une situation où, de concert avec la Turquie, elle ne devait agir que comme mandataire de l'Europe pour une simple mesure de police tout à fait momentanée. Le fameux protocole de *désintéressement* signé à Constantinople le 25 juin 1882 en fait foi.

C'est dans le même esprit que le 11 août 1882, M. Gladstone déclara à la Chambre des Communes que l'Angleterre n'entend occuper l'Égypte que pour y rétablir l'ordre et soumettre ensuite la question égyptienne aux délibérations des Puissances. Mêmes déclarations de la part des chefs de l'expédition militaire et

---

(1) Il n'est donc pas sans intérêt de reproduire ici le texte de la réponse que l'ultimatum de l'Amiral Seymour suggéra au Conseil des Ministres égyptiens, *présidé par le Khédive Tewfick :* « L'Egypte n'a rien fait qui ait pu justifier l'envoi des flottes combinées. L'autorité civile et militaire n'a à se reprocher aucun acte autorisant les réclamations de l'Amiral. Sauf quelques réparations urgentes aux anciennes constructions, les forts sont, à cette heure, dans l'état où ils se trouvaient à l'arrivée des flottes. Nous sommes ici chez nous, et nous avons le droit et le devoir de nous y prémunir contre tout ennemi qui prendrait l'initiative d'une rupture de l'état de paix, lequel, selon le Gouvernement anglais, n'a pas cessé d'exister. L'Égypte, gardienne de ses droits et de son honneur, ne peut rendre aucun fort ni aucun canon, sans y être contrainte par le sort des armes. Elle proteste contre votre déclaration de ce jour et tiendra responsable de toutes les conséquences directes ou indirectes qui pourront résulter d'une attaque des flottes ou d'un bombardement, la nation qui, en pleine paix, aura lancé le premier boulet sur la paisible ville d'Alexandrie, au mépris du droit des gens et des lois de la guerre. »

navale. Et les hommes d'État de confirmer, par la suite, en maintes circonstances, le caractère tout à fait provisoire de l'occupation (1).

Caractère de l'occupation.

Par le sens juridique attaché au terme « occupation » et par le fait que le droit public a même omis de la mentionner comme un mode de règlement des relations qui peuvent exister entre deux pays, il était facile de se rendre compte de ce caractère provisoire, du reste admis et proclamé par les intéressés eux-mêmes.

La prolongation de l'occupation ne pouvait, non plus, conférer à la mainmise de la Grande-Bretagne une légitimité quelconque. N'a-t-elle pas, en 1887, c'est-à-dire cinq ans après l'entrée de ses troupes en Égypte, délégué Sir Henry Drummond Wolf pour fixer une date à l'évacuation ?

Aussi bien, la Grande-Bretagne a-t-elle toujours éprouvé le besoin, chaque fois que revenait sur le tapis la question de l'échéance de son mandat, de donner à ce mandat des objets successifs et divers, lui permettant d'expliquer, sinon de justifier la prolongation de son séjour. C'était, au début, la restauration de l'autorité du

---

(1) Dans son livre intitulé : " Situation Internationale de l'Égypte et du Soudan ", M. Cocheris ne cite pas moins de soixante affirmations d'ambassadeurs et de ministres anglais, proclamant tous le désintéressement absolu de l'Angleterre dans la question égyptienne, affirmations qui s'échelonnent de 1881 à 1899.

Khédive, ensuite, la menace des Derviches ; plus tard, la reprise du Soudan et enfin, lorsque tous ces prétextes déterminés furent épuisés, ce fut l'antienne fameuse de la mission civilisatrice à exercer auprès d'un peuple insuffisamment formé.

La Grande-Bretagne pourrait-elle se prévaloir des accords, qu'au terme de sa longue rivalité, elle conclut avec la France, en 1904, accords en vertu desquels, contre la reconnaissance de son action dans d'autres contrées, la France laissait les mains libres à sa rivale en Égypte ? Pour les Égyptiens, cette entente n'avait d'autre valeur que celle de sa portée spéciale en ce qui regarde les relations nouvelles qui allaient être inaugurées entre les deux grands pays ; mais il est inadmissible qu'elle puisse toucher aux droits imprescriptibles des Égyptiens et à leur autonomie solennellement, et à maintes reprises, reconnue.

Il lui est donc impossible, pour la justification de sa mainmise sur l'Égypte, d'avancer d'autres arguments que ceux de ses désirs ou d'intérêts appuyés uniquement sur la force.

Le Protectorat.

Personne, nous l'espérons, ne pensera à invoquer l'acte accompli dans les conditions que l'on sait, comme un titre à une mainmise définitive sur l'Égypte.

Mesure de guerre, la proclamation du protectorat ne peut que prendre fin avec elle. Et, du reste, la Grande-Bretagne semble ne pas attribuer au protectorat une portée qu'il ne peut avoir, puisqu'elle n'a pas cherché à obtenir l'approbation du pays et la reconnaissance formelle des Puissances. C'est une simple déclaration unilatérale qui a établi le nouveau régime, et celui-ci est si peu assis que ni le statut politique ni l'ordre d'accession au trône n'ont pu être arrêtés (1).

De l'intérêt qu'aurait l'Egypte au maintien de la tutelle étrangère.

Origine du progrès de l'Egypte.

Un fort courant d'opinion représente l'Égypte moderne comme étant l'œuvre de l'occupation anglaise. Sans doute quelques-unes des initiatives matérielles des Anglais ont été utiles, mais il est absolument contraire à la vérité de dire que le progrès de l'Égypte ne date que de 1882. L'Égypte actuelle est, avant tout, l'œuvre du régime d'autonomie instauré par Mohammed Aly.

En effet, lorsque Mohammed Aly prit en main le gouvernement de l'Égypte, le pays se trouvait dans des conditions désastreuses, tant au point de vue écono-

(1) Ceux qui connaissent l'attachement des Égyptiens à la famille régnante comprendront aisément que cette remarque, qui concerne uniquement le caractère du protectorat, laisse hors de cause la personnalité des membres de la dynastie.

mique que social. L'essor imprimé par lui fut tel que vers la fin de son règne le chiffre de la population avait plus que doublé et celui du commerce sextuplé. L'instruction publique fut organisée sur des bases solides ; il établit un vaste plan de travaux d'irrigation, canaux et barrages et en fit commencer l'exécution (1). Il améliora les voies de communications terrestres et fluviales, créa le canal Mahmoudieh qui est encore aujourd'hui une des artères principales du commerce intérieur et commença l'aménagement du port d'Alexandrie. C'est encore à lui que l'on doit que la culture du coton ait été intensifiée. Enfin il s'efforça d'introduire la grande industrie.

Plus tard, sous le règne de ses successeurs, et principalement sous le Khédive Ismaïl, un programme important de réformes fut dressé et réalisé, qui devait faire de l'Égypte l'égale des pays européens.

C'est ainsi que l'enseignement public, non seulement pour les garçons mais aussi pour les filles, reçut les plus hauts encouragements, et que les institutions religieuses étrangères furent généralement aidées pour la fondation de nombreux collèges et écoles. C'est de cette époque que date aussi la création du Musée d'Égyptologie, de l'Observatoire et de la Bibliothèque Nationale, l'institution des sociétés savantes, la construction de l'Opéra, etc...

---

(1) Clot Bey estime que, jusqu'en 1836, Mohammed Aly avait creusé 104.000.000 de mètres cubes de terrassement et construit 2.814.000 mètres cubes de travaux de maçonnerie en faveur des irrigations et des communications intérieures.

Le Caire, Alexandrie et Port-Saïd devinrent des cités tout à fait modernes par le percement des grandes voies et de belles avenues, par la distribution de l'eau et l'installation de l'éclairage, et par la construction de beaux édifices.

D'autre part, dans le domaine des travaux publics, l'effort accompli avant 1882 a été énorme. Citons le canal de Suez dont le monde entier a tiré de si précieux avantages, la création du canal Ibrahimieh qui a régénéré la Haute-Égypte et le canal Ismailieh qui lie le Caire à Suez, l'achèvement du port d'Alexandrie, les docks de Suez, les phares sur les deux mers, la création d'un chemin de fer à voie large et le service des Postes et Télégraphes.

Dans l'ordre administratif, comme nous l'avons rappelé plus haut, c'est de cette époque que le ministère égyptien et ses départements furent copiés sur le modèle occidental et que l'administration provinciale fut divisée en 14 régions.

Enfin, en ce qui concerne l'œuvre judiciaire, l'Égypte qui souffrait de la diversité des juridictions consulaires put convaincre les Puissances de l'utilité de leur unification et leur fit accepter la création des Tribunaux Mixtes. Les juridictions du statut personnel musulman furent organisées et le travail de codification fut mené à bonne fin.

L'œuvre Britannique.

Il est certain, après cette énumération rapide et nécessairement incomplète, qu'on est mal venu de dire que l'Égypte n'a commencé de vivre sa vie moderne que depuis 1882. En réalité, tout l'essentiel avait été déjà fait. Et l'on serait également dans l'erreur la plus profonde si l'on soutenait que l'action de l'Angleterre, depuis 1882, fut telle que, si elle venait à évacuer aujourd'hui l'Égypte, son départ serait suivi de conséquences désastreuses.

Nous sommes trop équitables cependant pour ne pas reconnaître les initiatives de l'Angleterre en Égypte. Son œuvre, presque exclusivement matérielle, se caractérise, d'une part, par le relèvement des finances du pays et la mise en valeur de ses ressources naturelles, et, d'autre part, par l'introduction, dans l'administration générale, des principes d'ordre et de discipline.

Mais ce concours limité peut-il avoir pour prix la perte de notre indépendance ? Qui pourra le soutenir ? L'enjeu n'est-il pas hors de toute proportion avec les avantages obtenus ?

Du reste, si cette collaboration étrangère avait, au début, quelque utilité, il n'en est plus de même aujourd'hui que les générations nouvelles, pénétrées des principes d'ordre, de progrès et de libéralisme, sont aptes à gouverner leur pays avec toute la justice et toute l'efficacité désirables.

On est amené, d'ailleurs, à se demander si le bien résultant de la domination étrangère n'est pas annulé par le mal inhérent à la nature même de cette domination.

Effet d'une domination étrangère.

L'intérêt d'une puissance dominante s'oppose ordinairement à tout ce qui peut élever, au-dessus d'un certain niveau, le moral du peuple dominé, et il est difficile d'exiger d'elle qu'elle sacrifie cet intérêt, aussi bien dans l'ordre politique que dans l'ordre matériel.

Mais ce n'est là qu'un des inconvénients de la domination. En effet, une métropole, même bien intentionnée, ne peut surveiller de près les rouages qu'elle a créés. Leur fonctionnement est soumis au gré des agents qui exercent directement le pouvoir et qui, jouissant d'une suprématie absolue, échappent malheureusement au contrôle régulateur de l'opinion des gouvernés, d'autant plus que les subalternes indigènes sont incités à la servilité qui est appréciée comme une preuve de loyalisme, alors que la dignité devient la marque d'un esprit subversif.

En Égypte, plus particulièrement, cette puissance sans limite, conférée à tous les fonctionnaires anglais, finit par leur donner un sentiment exagéré de leur mission et les pousse à empiéter sur les pouvoirs de leurs collègues et même de leurs chefs égyptiens. Ainsi le fonctionnaire égyptien ne peut que perdre le sentiment de sa personnalité, se dérober aux responsabilités et se dépouiller de tout esprit d'initiative.

D'autre part, il est naturel que l'Angleterre, qui doit à la force seule sa domination sur nous, ne se résigne pas facilement à octroyer le droit de contrôle sur ses actes et sur sa gestion. Elle cherche à l'éluder, au contraire, par la fameuse antienne de la non-maturité et s'oppose au développement normal des institutions représentatives.

Pourtant, la force de l'opinion dans ce pays et la sûreté de jugement des Égyptiens sont telles, que le contrôle par la nation aurait pu être utilisé dans le sens le plus favorable à nos intérêts ; mais les Anglais ont entouré ce droit de tant d'atténuations et d'entraves qu'il est devenu illusoire. C'est ainsi que l'Assemblée législative qui devait marquer un progrès sur l'institution qui l'avait précédée, ne possède toujours qu'une voix consultative, et ne peut exercer aucune influence sur les décisions du gouvernement.

III

L'Égypte estime que les titres qu'elle vient d'exposer seront, aux yeux du Congrès de la Paix, plus que suffisants pour établir ses droits à une existence conforme à ses aspirations.

Mais si l'on considère que la liberté n'est pas seulement un droit naturel des peuples et qu'elle doit être le prix d'un constant effort pour le triomphe de la cause de la civilisation, nous pouvons affirmer que l'Égypte s'est révélée, par la collaboration précieuse qu'elle a prêtée à la cause des Alliés, digne de participer aux bienfaits du nouveau régime de justice. Nous pouvons ajouter qu'elle a d'autant plus de titres à la bienveillance des Alliés que, pour agir dans cette guerre, elle a dû faire taire le juste ressentiment que l'établissement du protectorat a fait naître en elle.

La Coopération Egyptienne.

L'utilisation de l'Égypte comme base d'opérations militaires de premier ordre a permis de conduire à bonne fin la campagne de Palestine et de Syrie, a aidé à la réussite des opérations de Mésopotamie et a servi au mouvement des troupes requises pour les Dardanelles.

C'est là le côté passif de notre coopération ; il est pourtant impossible de le négliger si l'on se rappelle que les Alliés avaient besoin, pour la sécurité de leurs opérations, d'un calme parfait qui, de notre part, n'a jamais fait défaut. L'état d'esprit qui a régné, pendant un certain temps en Grèce, n'a-t-il pas été pour beaucoup dans la stagnation du front de Salonique ?

Quant à notre concours actif, le général Allenby en a reconnu officiellement toute l'étendue et toute l'importance. Certainement, l'envoi ostensible, sur un point quelconque du front, d'un contingent égyptien, au lieu de paquets de troupes dont la coopération a passé inaperçue, aurait eu plus de retentissement et il nous aurait attiré une reconnaissance qui s'attache, malheureusement, aux manifestations bruyantes beaucoup plus qu'aux concours vraiment utiles.

Pour se faire une idée exacte de l'importance du concours égyptien, il faut se représenter un pays dont toutes les ressources en hommes, en matériel, en argent, en produits agricoles et industriels étaient à la disposition des autorités militaires.

Dès les premiers jours des hostilités, notre machine gouvernementale n'a cessé de fonctionner en vue de procurer aux armées l'assistance nécessaire. Certaines administrations du pays se sont même consacrées à ce travail, au détriment de leurs services propres.

Des centaines de milliers d'Égyptiens ont été réquisitionnés pour servir comme auxiliaires dans les armées et un grand nombre a même été appelé, loin d'Égypte, en France ou en Mésopotamie (1).

Dans les services de l'arrière, un grand nombre d'Égyptiens se sont enrôlés, ce qui a permis de disposer de beaucoup de militaires pour le service effectif sur les lignes de feu.

Au point de vue du matériel, peut-on oublier l'aide énorme apportée par les chemins de fer égyptiens dans les transports militaires ? Le matériel roulant du pays a été soumis à une usure telle que, pour le remettre en état, après la guerre, il faudra assumer des dépenses considérables.

Au budget de l'Égypte, a figuré, l'an passé, une contribution de L. E. 3.500.000, comme assistance à

---

(1) Sous le nom de " Labour Corps ", 430.000 travailleurs égyptiens ont été constamment à l'œuvre, surtout en Palestine et ont seuls permis le succès de la Campagne du général Allenby.

l'œuvre de guerre. Les contributions des particuliers aux œuvres d'hospitalisation et d'assistance aux blessés ont été constantes et la générosité du public s'est exercée avec beaucoup de munificence.

L'Égypte a dû réduire aussi son acréage cotonnier en vue d'augmenter les superficies plantées en céréales et subvenir, ainsi, aux besoins de ravitaillement des troupes en campagne et en garnison sur le territoire. Des quantités énormes de blé, d'orge, de maïs, de paille, de viandes de boucherie, un nombre considérable de bêtes de charge et de trait, etc..., ont été réquisitionnés à de bas prix.

Le coton, qui est la source principale de la richesse du pays, a été, non seulement, réduit en acréage, mais il a dû subir, par la tarification, une restriction sans exemple dans aucun autre pays cotonnier, même les Indes. A un moment où la demande mondiale justifiait les plus légitimes bénéfices, l'Égypte a été soumise à une énorme réduction dans ses ressources, pouvant se chiffrer par plus d'un demi-milliard de francs.

IV

Au moment de soumettre nos revendications au Congrès de la Paix, nous aurions redouté que la voix si faible de notre pays ne soit couverte par celle de plus puissants intérêts, si nous n'avions la conviction que la volonté unanime des peuples est, en ce moment, uniquement tendue vers les solutions que dictent les principes de justice.

L'entière « satisfaction » dont parlait le Dr. Wilson dans son discours du 27 septembre 1918 consisterait pour les Égyptiens :

1° Dans la reconnaissance et le libre exercice de l'indépendance de leur pays ;

2° Dans la rétrocession du Soudan Égyptien.

L'indépendance.

Nous demandons qu'elle nous soit reconnue : *a)* parce que c'est un droit naturel et imprescriptible des nations ; *b)* parce que l'Égypte n'a jamais cessé de la revendiquer au prix même du sang de ses enfants ; *c)* parce qu'elle se considère maintenant dégagée du dernier lien de suzeraineté qui l'attachait à la Turquie ; *d)* parce qu'elle estime que le moment est venu de proclamer une souveraineté que justifie sa situation morale et matérielle.

Il nous semble que lorsque l'Europe juge que le Hedjaz, hier encore province turque, a droit à l'indépendance, elle ne peut que traiter l'Égypte, infiniment plus évoluée et possédant son autonomie, sur un même pied d'égalité.

Droits des Étrangers.

Tout au plus pourrait-on demander : *a*) la sauvegarde des intérêts étrangers porteurs de titres de la Dette Égyptienne ; *b*) la garantie des droits des Européens résidant en Égypte.

Dette Publique.

Cette dette ne constitue qu'une charge bien légère, comparée à la fortune nationale. Néanmoins, l'Égypte accepte volontiers que, comme par le passé, le service des coupons soit assuré par des affectations spéciales de certains revenus de l'État ; et que la Caisse de la Dette Publique, que l'occupation anglaise n'a pas abolie, continue à exercer son contrôle financier dans une mesure assurant le crédit de l'Égypte, sans porter atteinte aux prérogatives du gouvernement et de la représentation nationale.

Garantie des droits des Européens.

L'Égypte considère que c'est son devoir d'assurer scrupuleusement aux Européens leurs privilèges, et elle s'en remet à la justice de la Société des Nations pour que les garanties soient conçues de telle manière qu'elles sauvegardent et respectent autant que possible ses droits de souveraineté.

Nous verrions avec plaisir l'élargissement de la compétence des Tribunaux Mixtes, pour leur permettre de juger toutes les affaires pénales concernant les étrangers. Il en est de même pour l'extension des institutions comme les municipalités, où l'élément étranger a été appelé à participer à l'administration locale.

En ce qui concerne le pouvoir législatif et de taxation, les étrangers trouveront toutes garanties dans l'existence d'une organisation internationale siégeant dans le pays et dont l'adhésion serait nécessaire pour toutes les lois et tous les impôts qui leur seraient appliqués. Le régime des chambres réunies de la Cour d'Appel Mixte fonctionnant déjà par application de la loi du 11 novembre 1911, et mieux adapté à son rôle nouveau par l'adjonction d'autres éléments choisis en dehors de lui, répondrait parfaitement à ce but.

Concours des Étrangers.

L'Égypte ne manquera pas de faire appel, demain comme hier, aux lumières des spécialistes du monde entier ; mais ce qu'elle attend c'est qu'on lui fournisse des collaborateurs et non des maîtres. Nous avons, en effet, tout un programme de réformes essentielles qu'une politique particulariste ne permettait pas de réaliser et pour l'exécution duquel nous comptons sur le concours désintéressé de l'Étranger.

Réformes intérieures.

La première des réformes consistera dans l'établissement d'une Constitution où la responsabilité ministérielle sera nettement définie.

L'Instruction Publique fera l'objet des premières préoccupations de l'Égypte Indépendante qui en poursuivra la diffusion dans toutes les classes sociales.

Un plus grand esprit d'économie présidera aux dépenses publiques, celles-ci ayant été trop engagées, surtout depuis l'abolition du contrôle de la Dette Publique, soit dans des crédits somptuaires et souvent inutiles, ou dans des émoluments très élevés de fonctionnaires dont le nombre est sans rapport avec les nécessités du service.

A un système fiscal suranné grevant uniquement la propriété foncière, serait substitué un système plus élastique et mieux réparti.

Le régime douanier serait modifié pour faciliter l'importation des articles de première nécessité et protéger raisonnablement la production nationale. Une taxation spécifique tiendra compte de la nature des articles à frapper.

Des lois protégeront l'évolution des organisations coopératives, base fondamentale d'une saine économie sociale.

Une plus grande extension et une organisation plus libérale des institutions provinciales et municipales, permettront d'assurer aux intérêts locaux un développement rapide et efficace.

Enfin, l'agriculture, le commerce, l'industrie, l'hygiène, la question ouvrière feront l'objet de lois qui aideront au bien-être général.

Canal de Suez.

Il est certain que l'intérêt des Puissances commande de confier la garde du canal de Suez à l'Égypte qui n'a aucune visée politique ni ambition coloniale. Mais comme il s'agit d'une question bien moins égyptienne qu'internationale, et dont le règlement figurera au premier plan des préoccupations du Congrès de la Paix, l'Égypte est disposée à accueillir toutes mesures que le Congrès de la Paix jugera utiles pour la sauvegarde de la neutralité du Canal.

L'Egypte et la Société des Nations.

L'Égypte s'honorerait de placer son indépendance sous la garantie de la Société des Nations et de contribuer, dans la mesure de ses moyens, au triomphe des idées nouvelles.

Rétrocession du Soudan.

En demandant la rétrocession du Soudan, les Égyptiens n'agissent pas sous l'influence des idées d'accroissement de territoire et d'expansion coloniale, mais se placent tout simplement, autant sur le terrain du droit que sur celui de la conservation nationale.

De temps immémorial, le Soudan a fait partie intégrante de l'Égypte, et si, par moments, il en a été détaché, la première préoccupation de l'Égypte autonome fut de réintégrer le Soudan dans le giron de la patrie.

Mais il ne s'agit pas que d'un point de droit ou d'une question historique. Les intérêts de l'Égypte et du Soudan sont, par la nature même des choses, si intimement liés que les deux pays se complètent et ont besoin l'un de l'autre pour vivre et prospérer. Laisser s'établir au Soudan une puissance étrangère serait exposer l'Égypte, qui vit du Nil, aux risques les plus graves.

Le Conseiller Financier anglais auprès du Gouvernement égyptien s'est ainsi exprimé dans son rapport du 14 décembre 1904 : « Quel que soit le nom qu'on lui donne, la terre arrosée par le Nil, depuis les montagnes d'Abyssinie et les Grands Lacs jusqu'aux bords de la Méditerranée, forme un ensemble intégral et indivisible. Maintenant que la science de l'ingénieur est parvenue à un si haut degré, c'est à la puissance dont la domination est établie sur le Haut-Nil qu'appartient le contrôle des eaux de l'Égypte. La possession du Soudan est nécessaire à l'Égypte, plus nécessaire même que la possession d'Alexandrie. »

De leur côté, les habitants du Soudan ont tout à gagner au contact de la civilisation égyptienne, la seule qui puisse leur convenir. Pour eux, l'Égypte est une grande sœur dont ils parlent la langue, et dont ils adoptent facilement les institutions et les mœurs.

Cette mutuelle sympathie et cette affinité de mœurs et de mentalité trouvent leur explication naturelle dans ce fait historique que les Arabes venus en Égypte et ceux qui se répandirent au Soudan avaient la même origine. Les descendants de ces derniers forment aujourd'hui la fraction la plus importante et la plus éclairée de la population soudanaise.

En demandant que le Soudan fasse retour à l'Égypte, nous entendons l'associer à nous et lui reconnaître tous nos droits.

Abandon et reprise du Soudan.

Il est superflu de parler ici des circonstances qui amenèrent en 1884 l'abandon du Soudan. Qu'il suffise seulement de rappeler que le ministère Chérif s'opposa à cet abandon et que, lorsqu'il fut imposé, il démissionna en déclarant que :

« L'Égypte n'avait pas le droit de consentir à l'abandon du Soudan et que, devant suivre les conseils de la Grande-Bretagne sans les discuter, le Ministère trouvait que cela était contraire à la constitution du 28 août 1878, suivant laquelle le Khédive règne avec ses ministres. »

Plus tard, à la reprise du Soudan, on imposa également à l'Égypte la convention du 19 janvier 1899 par laquelle le Soudan, de province égyptienne, devenait une possession anglo-égyptienne. Cette convention qui attribue à l'Égypte un rôle passif et un titre purement nominal, a eu pour véritable effet l'incorporation du Soudan à l'Empire Britannique.

Quelle est, en droit, la valeur de la convention du 19 janvier 1899 ?

Aucun doute n'est permis ; cette convention est nulle. Elle a été obtenue par une contrainte qui en a vicié la nature. Il est évident, en outre, que l'Égypte, en l'état des traités internationaux et des firmans qui lui interdisaient d'aliéner une parcelle quelconque de son territoire n'avait pas qualité pour conclure une telle convention.

Nous nous élevons avec d'autant plus de force contre cette convention, qu'il a été fait table rase des intérêts et des sentiments des Égyptiens. Il est inconcevable qu'un pacte d'association réserve autant que celui-ci, tous les droits à l'une des parties et toutes les obligations à l'autre.

Si l'Angleterre domine et gouverne exclusivement cet immense territoire, l'Égypte, elle, paie de ses deniers les déficits importants du budget et les dépenses des grands travaux pour la mise en valeur de ce territoire. Elle a, ainsi, avancé L. E. 3.500.000 pour le réseau de chemins de fer et L. E. 1.000.000 pour la construction de Port-Soudan (1). Et il s'est trouvé — ironie des choses — qu'en construisant Port-Soudan, de ses propres deniers, l'Égypte a créé pour le commerce soudanais un débouché nouveau qui ne peut que diminuer le profit qu'elle retirait de son trafic avec le Soudan.

Et c'est encore l'armée égyptienne, casernée presque toute au Soudan, qui est employée à pacifier les régions insoumises ou à conquérir, pour le compte du régime commun, des nouveaux territoires. Les dépenses considérables sont, bien entendu, à la charge exclusive de l'Égypte.

---

(1) Les avances de l'Égypte, à ce jour, dépassent L. E. 11.000.000.

Quels avantages retirons-nous en échange de nos sacrifices ? Nous sommes encore à nous le demander. Les fonctionnaires égyptiens disparaissent peu à peu pour faire place, dans les hauts postes surtout, aux fonctionnaires britanniques. Le jour n'est pas éloigné où, en dehors de la garnison payée par nous, il n'y aura pas un seul agent égyptien au Soudan.

C'est pour toutes ces raisons que nous ne cessons de réclamer, conformément au droit et à l'équité, le retour du Soudan à la mère patrie.

V

Avant de terminer ce rapport, qu'il nous soit permis de nous défendre contre un reproche de nature à nous aliéner la sympathie de ceux en la justice de qui nous comptons pour une appréciation bienveillante de notre cause.

L'Égypte, s'est-on écrié, qui, grâce à la Grand-Bretagne possède une organisation et une prospérité remarquables, qui lui doit d'avoir été à l'abri d'une invasion turco-germanique, et d'avoir joui de la tranquillité et de la richesse pendant qu'à ses côtés ce n'était que ruines, souffrances et misères, l'Égypte, contrairement à l'attente de l'Angleterre, a choisi ce moment précis pour faire montre de dispositions peu amicales.

Au contraire, tout témoigne de la constante correction avec laquelle l'Égypte a agi vis-à-vis de la Puissance occupante.

En dépit des traités méconnus, des promesses oubliées, d'une immixtion dans nos affaires de jour en jour plus obsédante ; en dépit des entraves apportées à la propagation de l'instruction publique et au développement des institutions représentatives ; en dépit de cette blessure d'amour-propre qui fut infligée à l'Égypte au début de la guerre, lorsque, par une simple lettre du représentant intérimaire de la Grande-Bretagne, on installa sans plus de forme le protectorat, nous ne nous sommes départis, à aucun moment, d'un calme et d'une sagesse dont nous aurions voulu que la Grande-Bretagne appréciât, à cette heure, toute la valeur.

L'Égypte, nation faible et écrasée sous le poids des préjugés que les intérêts contraires ont amoncelés contre elle, ne demande qu'à être favorisée par l'Angleterre et si, dans la profession de foi qui a été développée plus haut, nous avons donné toutes assurances en ce qui regarde les intérêts étrangers, nos rapports avec la Grande-Bretagne nous mettent à l'aise pour dire que le jour où notre indépendance sera obtenue avec son appui, elle aura droit à notre entière gratitude.

Quant à la sécurité dont nous avons joui pendant la guerre, nous ferons observer que notre pays n'aurait pas été probablement menacé, si la Grande-Bretagne n'y avait une situation à défendre et si elle ne devait en faire une base d'opérations pour ses campagnes militaires.

La Délégation égyptienne, composée des membres

soussignés, et qui a reçu par procuration, signée des habitants du territoire, mandat de plaider la cause de l'indépendance de l'Égypte, ne voulait pas se contenter de cette défense écrite. Elle comptait se rendre en Europe pour intéresser de vive voix, à la question égyptienne, les hauts représentants de l'opinion britannique et mondiale.

Malheureusement, la même politique dont nous souffrons, a eu une nouvele occasion de se manifester sous une forme encore plus arbitraire.

L'autorité britannique, sous le prétexte que les mandats mis en circulation dans le but de consulter l'opinion du pays, étaient de nature à troubler l'ordre public, s'est avisée d'interdire leur circulation et de confisquer ceux qui étaient déjà couverts de signatures.

Le prétexte invoqué était difficilement soutenable, puisque le pays opposait aux agissements des Autorités le calme le plus parfait.

Cette mesure d'étouffement n'a pas empêché que des milliers de signatures n'aient été données par l'élite du pays, comprenant la plupart des membres des institutions représentatives en tête desquelles figure l'Assemblée législative.

Le geste des autorités ne pouvait que révéler une chose, c'est qu'elles redoutaient qu'à bref délai la consultation du pays ne démontrât une unanimité de sentiment qu'elles s'étaient toujours efforcées de présenter sous un autre jour.

Et de fait, à aucun moment de son histoire, on n'a pu enregistrer en Égypte une telle unanimité dans les opinions. La cause sacrée de l'indépendance a réuni tous les suffrages et a même supprimé toutes les dissidences. Aussi bien les jeunes que les vieux, les riches que les pauvres, les citadins que les villageois, tous, sans distinction de caste ou de croyance, ont montré qu'ils sont animés du même idéal et qu'ils communient dans les mêmes sentiments.

Mais une mesure bien plus grave et bien plus inattendue encore, venait attester qu'une politique dont la base est avant tout l'intérêt, ne regarde même pas aux droits sacrés de la liberté individuelle.

L'autorité britannique refusait aux membres de la Délégation les autorisations nécessaires pour se rendre en Europe, et ainsi se trouve étouffée depuis deux mois la voix que le pays comptait faire entendre pour la défense de sa cause.

L'esprit de justice et les principes de liberté qui animent tous ceux qui ont la charge d'organiser le monde nouveau, ne sauraient s'accommoder d'agissements qui ont pour effet de priver la Conférence de la Paix d'une documentation exacte et désintéressée sur la situation véritable d'un pays qui aspire à la liberté et qui, pour y parvenir, s'engage à fournir les garanties les plus complètes.

Une décision qui serait prise dans des conditions où tout ce qui se rapporte à nos aspirations, à notre état social, à nos intérêts, est présenté sous un aspect non conforme à la réalité des choses, ne saurait avoir de légitimité et ne saurait engager le peuple qui doit la subir.

Pour ces raisons, la Délégation a la conviction profonde que les membres de la Conférence de la Paix ne laisseront pas la cause de l'Égypte à la merci d'appréciations inexactement ou insuffisamment documentées et qu'ils voudront bien permettre aux mandataires autorisés du peuple égyptien, de présenter sa défense avec toute la liberté nécessaire.

Il s'agit de la cause même pour laquelle tant de sang vient d'être répandu et tant de sacrifices consentis ; et nous comptons que les principes élevés dont s'honorent les Nations civilisées, et qui vont être la base des accords concernant l'avenir des peuples, ne resteront pas lettre morte quand viendra sur le tapis la question de nos revendications nationales.

Le Caire, le 25 janvier 1919.

(Signatures des membres de la Délégation.)

SAAD ZAGLOUL PACHA,
Président de la Délégation Égyptienne,
Vice-Président Élu de l'Assemblée Législative.

ALY CHAARAWI PACHA,
Membre de l'Assemblée Législative.

ABDEL AZIZ FAHMY BEY,
Membre de l'Assemblée Législative,
Bâtonnier de l'Ordre des Avocats.

MOHAMMED ALY BEY,
Membre de l'Assemblée Législative.

ABDEL LATIF EL-MEKABBATY BEY,
Membre de l'Assemblée Législative.

MOHAMMED MAHMOUD PACHA,
Ancien Moudir (Préfet).

AHMAD LOUTFI EL-SAYED BEY,
Ex-Directeur de la Bibliothèque Nationale.

ISMAIL SIDKY PACHA,
Ancien Ministre.

SINNOT BEY HANNA,
Notable Copte, Membre de l'Assemblée Législative.

HAMAD EL-BASSIL PACHA,
Membre de l'Assemblée Législative.

MAHMOUD ABOUL NASR BEY,
Ancien Bâtonnier de l'Ordre des Avocats.

GEORGES KHAYATT BEY,
Notable Copte.

Dr. HAFEZ AFIFI BEY,
Médecin au Caire.

HUSSEIN WASSEF PACHA,
Membre de l'Assemblée Législative.

MICHEL LOUTFALLA BEY,
Membre de l'Assemblée Législative.

ABDEL KHALEK MADKOUR PACHA,
Membre de l'Assemblée Législative, Prévôt des Marchands du Caire.

IMPRIMERIE
ARTISTIQUE
LUX
131 Boul. St Michel
PARIS

www.ingramcontent.com/pod-product-compliance
Lightning Source LLC
LaVergne TN
LVHW010059230826
846091LV00005B/2014

* 9 7 8 2 0 1 2 8 7 4 1 8 3 *